I.к 7 8224.

I.к 7 8224

CRI

DE

L'HUMANITÉ

ET DE

LA RAISON.

A BRUYERES,

Chez la veuve VIVOT, Imprimeur-Libraire.

M. DCC. LXXXX.

CRI

DE L'HUMANITÉ

ET DE

LA RAISON.

Tout Gouvernement, de quelque nature qu'il foit, ne peut
fe propofer d'autre objet que le bonheur du plus grand nombre
des Citoyens ; tout ce qui tend à les rendre heureux, ne peut
être contraire à fa Conftitution. *Helvet. Trait. de l'Homme,*
Sect. 9. Chap. 9.

L'HOMME le plus indifférent fur le fort de
l'humanité, celui que l'agitation des événemens
actuels peut le moins affecter, ne verra pas
fans inquiétude les maux dont la fuppreffion du
Chapitre de Remiremont accableroit cette Contrée.

Son exiftence eft, pour la Vôge, d'une impor-
tance qui mérite la plus férieufe attention.

Je parcours fes faftes, & je m'étonne, qu'en

A 2

lès connoiſſant, on puiſſe ſeulement concevoir l'idée de changer un tel établiſſement.

Le bonheur des François eſt le but de la Conſtitution que nous allons devoir aux travaux de l'Aſſemblée Nationale; auſſi ſuis-je loin de m'élever ici en cenſeur de ſes opérations; j'applaudis à la ſageſſe de ſes vues, j'admire la profondeur de ſon génie, & je me livre avec confiance aux eſpérances que préſentent ſes déciſions.

Mais ſi quelque choſe de ce qui a été juſqu'alors eſt bien, ſi mille ans l'ont prouvé, ſi ſa conſervation n'eſt pas un obſtacle à l'édifice de la nouvelle Conſtitution, pourquoi le détruire?

Craignons qu'en ôtant au peuple ce qui aidoit à ſa félicité, il ne regrette ce qu'il aura perdu, en ne le retrouvant pas dans ce qui lui ſera rendu.

J'examine l'origine du Chapitre, je le ſuis dans les progrès d'une grandeur due à ſes vertus, & je frémis au ſentiment de ſa deſtruction.

Son inſtitution m'offre d'abord un monument vénérable du Chriſtianiſme naiſſant dans cette Contrée. Les établiſſemens de ce tems doivent leur origine à des Saints qui cherchoient la paùvreté & la ſolitude, & pluſieurs ſiecles ſe ſont écoulés avant que l'eſprit d'intérèt eût ſuccédé à celui de pénitence. Les Monaſteres fondés par des Souverains & des Seigneurs, ceux qui ont été richement dotés, ne datent, pour la plûpart, que du dixieme ſiecle, où un ſeul genre d'hommes faiſoit l'objet de la bienfaiſance des Princes, & où le moyen d'acquérir tous les

biens , étoit d'en avoir profeffé le renonce-
ment.

Je cherche enfuite l'époque du regne de la
féodalité en Lorraine ; j'examine la nature de ce
Gouvernement abfurde , qui des fujets faifoit des
efclaves , & des maitres des tyrans ; & par-là je
m'affure que l'immenfe Contrée qui , depuis tant
de fiecles , chérit l'autorité du Chapitre , ne
connut jamais les maux de ce régime oppreffif.

Quand Romaric , Seigneur d'Auftrafie , laffé
des orages qu'il avoit effuyés à la Cour , voulut,
avec le Quadrifaïeul de Charlemagne (*) , chercher le calme dans la folitude des déferts de la
Vôge , ils étoient affreux ; éloignés de tout commerce des hommes , ces cantons étoient encore
tout couverts de forêts , & prefqu'inhabités.

Les vertus folitaires étoient les feules qui pa-
rurent dans ces tems , où le Gouvernement
étoit encore trop groffier pour donner l'effor
à des vertus civiles & politiques ; mais celles de
Romaric , de fon château d'Habend (**) , ber-
ceau du Chapitre de Remiremont , répandirent
bientôt la vie & le bonheur fur les rives de la
Mofelle.

Propriétaire de ces vaftes déferts , le goût
du travail , autant que la piété , appella autour
de lui des hommes qui , foutenus par fes bienfaits , en obtinrent peu-à-peu leur nourriture.

Auffi pour fonder , au commencement du fep-
tieme fiecle , le College refpeĉable que l'on
voudroit détruire aujourd'hui , Romaric ne re-

(*) Saint Arnould.
(**) Aujourd'hui le Saint-Mont.

çut rien , & donna beaucoup. Riche du bien de
fa famille , & non pas des graces du Souverain,
puifqu'au contraire , il conferva avec peine ce
que fes ancètres lui avoient laiffé , la fondation
du Chapitre ne porte pas avec elle l'empreinte
de la forme que la piété avoit prife pour lors.

La religion pouvoit très bien rejeter ces dons
que lui ont offert des mains fouillées , & que
des mains avides ont reçus ; la fuperftition , la
foiblefle ou l'ignorance peuvent avoir créé nombre de fondations, dans lefquelles je veux que
la Nation voie un patrimoine qui lui a été ravi,
& dans lequel elle peut rentrer ; mais on ne
pourra jamais fouiller de cette tache l'origine du
Chapitre de Remiremont.

Son Fondateur favoit que l'offrande agréable
& reçue dans le ciel , eft d'élever des mains
pures & un cœur fenfible aux maux de nos fre-
res ; que le feul ufage raifonnable des richeffes,
eft de les partager avec le pauvre ; que , de toutes
les vertus que la religion infpire , la plus fainte
& la plus chere eft celle qui doit nous rendre
les plus utiles à nos femblables.

Il le favoit ; & après avoir vivifié par fa préfence falutaire la Contrée que nous habitons, il
voulut que le cours de fes bienfaits ne périt pas
avec lui , & durât autant que le fouvenir de fes
vertus.

C'eft à ces principes fimples & fublimes , qui
firent la fainteté & l'éclat des premiers fiecles
du Chriftianifme , que le Chapitre de Remiremont doit fon origine , fa durée & notre amour.

De l'âge de la barbarie , où ils paroiffoient
être effacés du cœur humain , & n'entrer prefque

pour rien dans l'ordre public , ces principes fe
font confervés dans ces ames généreufes , auxquelles nous devons notre exiftence , notre ac-
croiffement & notre bonheur; ils y ont produit
fans ceffe les feules vraies vertus qui aient , depuis des fiecles , foutenu & confolé l'humanité.

Le fort de ce grand établiffement , dépendant
du défrichement & de la population de cette
partie de l'Auftrafie , ce qui faifoit fa dotation
dans des pays déja fertiles , étant très-peu confidérable , il ne pouvoit s'accroître & fe fortifier
que fous un Gouvernement paifible & protecteur de l'agriculture.

Le regne de Charlemagne , dans l'Empire du-
quel la Vôge étoit comprife , offrit la premiere
époque où les Nations du Nord commencerent
à paroître comme un corps politique , & où
l'homme fembla s'être affez étendu , & avoir ac-
quis affez de courage pour dompter la nature ,
& brifer l'afcendant de ces climats âpres & fau-
vages.

Mais à l'activité que la majefté & le charme
de fa préfence y infpirerent fouvent (*) , fuc-
céda bientôt l'aviliffement & l'inertie.

Trop foible encore pour fe foutenir feul contre l'abandon des Rois fainéans , le College fondé
par Romaric fentit doublement , pendant de longues années , les maux de la pauvreté , qu'il
éprouva pour lui , & qu'il partagea avec tout ce
qui l'environnoit.

_____

(*) Il avoit un château près de Bruyeres , & venoit
fouvent à la chaffe dans les montagnes de la Vôge.

Il s'étoit déja cependant formé quelques habitations dans la plaine, au pied de la montagne dont il occupoit le sommet, & à l'endroit où est aujourd'hui la ville de Remiremont. Là s'étoit réuni le peuple cultivateur de cette Contrée, quand la Lorraine, devenue le théatre & la proie de guerres presque continuelles qui déchiroient l'Empire, fut, par surcroit de maux, l'objet des ravages des Hongrois.

Mais tandis que leur irruption donnoit lieu à la construction d'une infinité de forteresses, qui servirent d'abord d'asyles à la crainte, & devinrent ensuite les retraites de la violence ; tandis que la foiblesse des Souverains & leurs divisions élevoient le régime féodal au degré cruel auquel il se trouva porté sous nos premiers Ducs, ce n'étoient pas des forteresses que l'effroi de ces Filles des Princes & des Rois élevoit pour leur défense ; déja pour lors elles ne virent point d'asyle plus assuré qu'au milieu des pauvres qu'elles nourrissoient.

En vain une foule de petits Souverains, abandonnant les plaines, porta son pouvoir aux lieux les moins accessibles, & y prépara des boulevards à l'indépendance & à l'anarchie ; c'est, au contraire, dans la plaine qu'elles viennent chercher de la force & des soutiens ; elles sont assurées que leurs vertus formeront des remparts qu'on saura respecter, & elles dédaignent tout autre pouvoir.

Echappées à ces grandes crises, & la Lorraine ayant commencé, sous le regne de Gerard d'Alsace, à former un État particulier, une nouvelle vie parut ranimer les peuples ; il sembla que tout fe rajeuniffoit ; & que le monde recommençoit un autre âge.

Mais cette régénération ne fut long-tems que celle de l'efclavage ; ce nouveau feu ne réveilloit que des hommes affoupis fous leurs fers.

Rien plus que la guerre n'introduit & n'amene une extrème inégalité. Les Chefs des peuplades avoient eu , dans la conquête des terres , des portions confidérables : ils les partagerent ; chaque foldat regarda la portion qui lui étoit échue , comme l'héritage de fon épée ; la poffeffion allodiale fut héréditaire ; celle qu'on appelloit *bénéfice* ne fut qu'à volonté ; mais , devenue héréditaire à fon tour , elle impofa les mèmes obligations , obligea , comme la premiere , au fervice militaire , & donna l'effor à tous les droits de la vaffalité.

Les Propriétaires des aleus , devenus cultivateurs plutôt que guerriers , ne pouvant les conferver au milieu de l'oppreffion & de la rapine , contre lefquelles le Gouvernement étoit impuiffant , ne fongerent qu'à chercher quelque protecteur qui leur offrit une défenfe qu'ils n'avoient pas dans leurs propres forces ; & renonçant à l'indépendance allodiale , ils fe foumirent aux fervices féodaux.

Mais il n'étoit , ni au pouvoir ni dans le fentiment du College de Romaric , de s'élever fur de tels fondemens.

Ce n'étoit pas , fans doute , fous une protection auffi foible , que le Propriétaire de biens libres vint fe rendre vaffal pour trouver un défenfeur , & le prix de l'abandon qu'il a pu faire de partie de ce qui lui appartenoit , n'étoit pas cette dépendance attachée à la conceſſion des bénéfices : il ne demandoit pour cela d'autre attachement, que celui que mérite la vertu, qu'inſpire la reconnoiſſance.

Aucune terre de ſon domaine ne fut aſſervie : il les donna, mais ne les fit pas acheter au prix de la liberté, ou de baſſes obligations qui déshonoroient l'humanité : il voulut faire des heurenx, & non pas des eſclaves.

Loin, en effet, que dans ce tems le Chapitre fût aſſez puiſſant pour jouir du droit de vaſſelage, & commander par la féodalité, il avoit lui-même beſoin de protecteurs & de ſoutiens. Ses propriétés étoient ſans défenſe. La Vôge, entourée des débris de châteaux & de maiſons-fortes, n'en offre aucun veſtige. Il voyoit, au contraire, avec la ſatisfaction des belles ames, la ſervitude féodale s'arrêter aux confins de ſon domaine, qui offroit à la Province l'image de la liberté, de la tranquillité & du bonheur. Il pouvoit, comme tout autre Seigneur, en faire des ſerfs & des vaſſaux ; il ne voulut en faire que des hommes libres & des amis. Pour cela, il appella la protection des Souverains contre l'influence que ce ſyſtème trop généralement répandu auroit pu avoir ſur ſon territoire ; & tandis que de petits Princes s'efforçoient d'agrandir leur autorité contre nos Ducs, le Chapitre, au contraire, ne voulut s'appuyer que ſur celle de leur Gouvernement.

Les Princes, qu' s'honorerent ſouvent de la qualité d'Avoués des Égliſes, s'en ſervirent quelquefois pour rentrer en partage de domaines trop aliénés ; mais, en ſe vouant à la défenſe du Cha-

pitre, ils ne furent pas dirigés par une sembla-
ble politique ; un motif plus important pour
eux , plus noble de la part du Chapitre les y
détermina : ce fut le partage avec le Souverain de tout ce qu'il pouvoit posséder.

C'est à l'époque d'une association aussi majes-
tueuse , que commença à se former la ville de
Remiremont & ses environs ; & dès-lors les
simples & robustes habitans des Vôges purent
se livrer à un travail paisible.

Le bras vigoureux du cultivateur impatient,
de sa coignée repoussa sur-les montagnes les
forêts épaisses qui ombragoient la plaine, & en
empêchoient la végétation.

Le soleil vit pour la premiere fois les bords
rians de la Moselle ; & en même tems que ses
rayons animoient leur fécondité , le premier re-
gard du Ciel sur cette terre nouvelle, en fut un
de bénédiction.

Ce ne fut bientôt plus ces déserts arides qu'on
ne pouvoit considérer sans effroi , & dans les-
quels on n'osoit pénétrer. Ce qui n'avoit été jusqu'alors que des torrens, roulant des montagnes
pour déchirer les plaines , devint la source perpétuelle de leur fécondité, & commença par y
former un peuple pasteur.

Mais le bœuf élevé sur ces gras pâturages , ne
tarda pas long-tems à ouvrir à pas lens une terre
qui , neuve encore, offroit les récoltes les plus
abondantes.

Par-tout où l'homme peut vivre tranquille en
la cultivant, on voit fleurir la population : aussi
celle de la Vôge augmenta sensiblement ; la
plaine ne suffit plus pour en nourrir les habitans ;

& tandis que Remiremont s'agrandissoit des bienfaits du Chapitre, que des villages & des hameaux s'étoient formés dans tous les vallons, il s'étoit déja élevé sur les collines & le flanc des montagnes un grand nombre d'habitations éparses, qui tiroient, pour ainsi dire, leur nourriture du sein des rochers.

Aussi, du pays le plus affreux de la Lorraine, la Vôge fut bientôt celui où l'homme vécut le plus heureux; parce que, simple encore, il n'avoit que les besoins de la nature, & que tout autour de lui, lui offroit en abondance les moyens d'y satisfaire.

Un régime oppressif, traînant après lui la servitude, retarda long-tems les progrès de l'industrie & de l'agriculture dans d'autres parties de cette Province; les habitans en avoient plus de besoins, avec moins de ressources & de courage.

Le Gouvernement féodal, presqu'inséparable des malheurs de la guerre, & qui y trouve une excuse, en tint encore long-tems les habitans dans l'inertie & l'abandon, suite nécessaire de leur avilissement.

Ce ne fut que quand les Seigneurs lorrains sentirent que leurs Souverains méritoient assez d'être leurs amis, pour qu'ils ne fussent plus leurs rivaux, que l'on vit tomber les fers forgés par l'ambition, mais que briserent la vertu & le vrai courage.

Le service de guerre n'ayant plus pour objet que la défense du pays contre les ennemis du dehors, n'imposa plus les mêmes charges, ne présenta plus les mêmes dangers: ce service n'eut plus lieu que pour l'intérêt commun; & tandis que l'épée de la Noblesse défendoit la Patrie, le Laboureur en fillonnoit paifiblement les champs.

La grandeur d'ame vit fans regret les ruines de ces orgueilleux châteaux enfevelir pour jamais les trophées de la vanité & de l'oppreffion, pour ne plus montrer fur leurs décombres que les faits de la vertu.

C'eft fur cette bafe inébranlable que repofe la grandeur & la puiffance des d'Harancourt, des Lénoncourt, des Gournai, des Raigecourt, des Ligniville, des Cuftine, & de tant d'autres, dont les noms, chers à la Patrie, font immortalifés par l'héroïfme des belles ames.

La magnanimité de ces Chevaliers étoit un caractere dont aucun âge, aucune nation n'offrit l'image : l'équité & la franchife étoient leur loi ; punir le crime étoit leur devoir ; fuivre l'honneur étoit leur vœu, & défendre l'innocence étoit leur gloire.

Ils furent puiffans, parce qu'ils furent juftes & bons ; les droits dont ils jouirent, furent des hommages qu'obtenoit leur vertu, & que payoient leurs bienfaits.

Mais la Vôge, tranquille dès fa naiffance, n'eut à vaincre aucun obftacle dans fon Gouvernement ; & après avoir furmonté la rudeffe du climat, il ne lui refta plus qu'à jouir.

Le Chapitre acquit plus d'aifance, à mefure que fes foins & fa bienfaifance firent fleurir la Contrée qu'il habitoit. Cependant la culture, ingrate & pénible dans bien des cantons, ne fuffifoit déja plus à fes habitans devenus nombreux ; mais les revenus que le Chapitre avoit d'ailleurs, y suppléerent, & produisirent une nouvelle ressource.

Il appella l'industrie, & bientôt il s'établit dans la Vôge un commerce d'échange des biens que le sol présentoit contre les denrées qu'il ne produisoit pas.

Tout, en un mot, prit de la vigueur, & l'on vit se former au milieu des rochers un peuple considérable, assez riche pour être heureux, & parmi lequel on trouve encore le sentiment de l'égalité, & quelques restes de liberté.

Le Chapitre, placé sous la sauve-garde de l'Empire, en obtint constamment la protection la plus particuliere.

Les Empereurs furent long-tems Avoués ou Comtes de Romberg (*); & depuis les Ducs de Lorraine reprirent d'eux cette qualité, qui fut la troisieme de leurs dignités (**).

En en quittant le nom, ils n'en ont pas perdu les droits, ni abandonné les obligations: l'association du Chapitre avec le Souverain subsiste toujours, & il n'est pas relevé du serment de le protéger.

Prêté par les Empereurs, renouvellé par nos Ducs, répété par Louis XIV, dans la Confirmation de tous les droits & privileges du Chapitre, respecté enfin par tous les Gouvernemens

---

(*) Remiremont.

(**) La premiere étoit celle de Grand-Sénéchal de l'Empire; la seconde étoit la reprise, c'est-à-dire, le réglement des duels des nobles entre la Meuse & le Rhin; la troisieme celle de Comte de Remiremont; la quatrieme celle de Marchis ou de Grand-Voyer de l'Empire, &c. &c.

fous lefquels la Lorraine a fucceffivement paffé, feroit-il oublié pendant le regne d'un Roi jufte, qui déja a accordé au Chapitre plufieurs marques de fa protection particuliere ?

Par-tout on en appelle au refpect dû aux propriétés , & ce ne fera pas dans ce tems que l'on violera les plus facrées : quand de toutes parts on entend la voix confolante de l'humanité & de la raifon, on n'enlevera pas à une Contrée confidérable fa feule reffource, pour la précipiter dans l'abandon le plus affreux, & la mifere la plus cruelle.

Si cela pouvoit être, il vaudroit mieux que ce Corps n'eût jamais exifté : la Vóge feroit encore un pays fauvage ; elle offriroit peut-être à un autre âge plus fortuné une terre à défricher, & des confolations à fon cultivateur.

Elle n'eût pas nourri, pendant quelques fiecles, des habitans qu'elle verroit périr fur un fol deffeché.

Oui, il vaut bien mieux n'avoir jamais vu le jour, que de n'exifter que pour fouffrir & maudire l'inftant qui nous vit naitre.

Vógiens, mes compatriotes, tel feroit le fort que vous auroient préparé les bienfaits du Chapitre, fi aujourd'hui fa deftruction venoit en tarir le cours.

O ma Patrie ! cet inftant devroit être pour vous un jour de douleur & de deuil ; il feroit le tombeau de votre félicité , & la naiffance de votre mifere.

Je le dis, & ne crains pas d'être démenti. Le territoire de la ville de Remiremont n'eft rien ; quelques jardins , de petits cantons appartenans à la Commune, font les feuls terreins qui offrent du travail, & fourniffent quelque fubfiftance à fes habitans.

Si, du haut des montagnes, je parcours de l'œil tout ce que cette Contrée peut offrir de culture & de récolte, j'y vois une grande population, & n'y découvre que des reffources très-rétrecies.

Je m'affure de la difficulté d'y vivre déja à préfent, par la force & l'activité avec lefquelles on arrache, des terreins les plus arides, des épis rares & foibles, éclos des rochers même, par un travail qu'on ne peut voir fans émotion & fans pitié; & je réfléchis avec peine qu'elle ne peut de fon produit nourrir fes nombreux habitans feulement pendant la moitié de l'année.

Si je regarde dans l'avenir, l'afpect de ce climat m'effraie bien plus encore.

La couche de terre végétale, formée lentement dans le lointain des fiecles, par la putréfaction des plantes, qui n'y crûrent long-tems que pour périr fous les feuilles & les débris de ces forèts, dont l'ombre majeftueufe couvroit les rites des Druides nos peres, la retraite religieufe des Romaric & des Arnould, & fervit parfois de délaffement au Grand-Charlemagne; cette couche, dis-je, offrit aux premiers cultivateurs une terre neuve & féconde.

Mais de longues années de production en ont diminué la fertilité; légere & fablonneufe, les fucs, dans bien des endroits, en paroiffent déja épuifés.

Le reculement des forèts, leur deftruction prefque totale en ont découvert les rochers, les

ont

ont expofés aux aquilons defféchans, tandis qu'une humidité falutaire y faifoit pulluler les herbages, & entaffoit à flots les fubftances nourriffantes.

C'eft en vain que le pauvre raffemble dans les fillons des rochers le peu de terre qui les couvre encore ; c'eft en vain qu'il y répand la femence dont la multiplication fait l'efpoir de fa famille ; trop expofée aux rayons du foleil, aux rigueurs du froid, ou à la puiffance deftructive d'un orage ou d'un torrent, fon travail trompe fes efpérances ; & les flancs des montagnes, rongés & découverts, n'offrent plus, dans bien des endroits, qu'une affreufe aridité, au milieu de laquelle les animaux languiffent, & où l'homme fe reffent déja du deffèchement du fol.

Les vallons, je le veux, préfentent encore l'afpect confolant de la fécondité ; mais fi à leur refferrement j'ajoute les ravages que la courfe inconftante & fougueufe de la Mofelle leur fait éprouver, je n'y vois qu'une reffource foible, & fouvent incertaine.

Cependant, au milieu de cette infuffifance des productions du pays pour en nourrir les habitans, l'éducation du bétail, le produit des troupeaux, font les feuls objets de commerce qui puiffent y fuppléer ; mais une trifte expérience nous a appris, depuis quelques années, par le hauffement du prix de ces objets, qu'ils devenoient plus rares & plus coûteux à l'habitant de nos campagnes.

Il eft donc bien malheureux.... Non.... Le Chapitre n'eft pas riche ; mais le patrimoine du

B

pauvre semble se multiplier dans les mains de la bienfaisance.

Ses revenus en bled sont un grenier d'abondance , ouvert à l'indigence , & dans lequel l'homme plus fortuné trouve un pain qu'il seroit obligé d'aller chercher au loin , que peut-être souvent il n'y trouveroit pas , & qu'à coup sûr il acheteroit beaucoup plus cher.

Disons même que , dans le moment actuel, & déja depuis long-tems , nous éprouverions sans cela la disette la plus affligeante (*) ; & si, dans cette Contrée , il est un infortuné dont le Chapitre ait connu les malheurs , qui ait réclamé ses bontés , & n'en ait pas ressenti les effets, qu'il parle , & je consens à sa suppression.

C'est vous principalement que j'interroge ,

_____

(*) A l'instant que j'écris , le concours des habitans de nos montagnes & des environs remplit toutes les rues : le besoin les y conduit ; à quel prix ce soit , ils demandent du pain. Le peuple se souleve , & craignant pour lui-même , ne voit dans ce partage que la perte de ressources précieuses dans les momens où nous sommes. Mais comment refuser à tant d'hommes , qui ne pourroient s'en procurer ailleurs , quelques portions de bled qu'ils sont accoutumés à y trouver ? Cependant le trouble s'augmente , & oblige de déployer la force militaire ; le drapeau rouge est arboré pour la premiere fois , & la loi martiale est sur le point de recevoir son exécution. Le zele de la Garde-Citoyenne se réunit à celui de la Municipalité : la premiere marche avec courage pour le bien de la paix , que sa présence parvient à rétablir. Le peuple se calme , & nos bons campagnards emportent avec joie & reconnoissance un peu de subsistance , que leurs familles attendent peut-être avec impatience , & qu'ils ne trouveroient pas ici , si les bleds du Chapitre n'y avoient été soigneusement amenés & conservés.

Citoyens de Remirement; l'influence du Chapitre fur les autres parties de la Vôge ne femble
pas auffi directe : mais fi c'eft lui qui vous a
créés, qui vous vivifie & vous foutient, on ne
niera pas qu'à votre tour vous portez la vie, l'activité & l'aifance dans votre Département.

Or, n'eft-il pas certain que votre exiftence
eft effentiellement liée à celle du Chapitre, &
que ce College une fois détruit, notre Patrie ne
feroit bientôt qu'un amas d'habitations défertes,
qui n'offriroient plus que le fpectacle de la dé-
folation & de la mifere, & dont les ruines pré-
pareroient une deftruction qui feroit le feul partage qu'elle eût à attendre, & peut-être à defirer?

Le territoire de Remiremont ne pourroit fuffire
à la nourriture de fes habitans pendant huit
jours de l'année feulement; cependant quatre
mille individus y exiftent; moitié au moins n'y
vivent que par le Chapitre.

Le vieillard & l'infirme y fubfiftent de fes
charités; l'orphelin y eft élevé de fes bienfaits;
la veuve y eft confolée, & le pauvre de tous les
états, de tous les genres a des droits à fa bienfaifance, par cela feul qu'il eft malheureux.

Dans un état plus aifé, je vois quantité de peres de famille, des Citoyens honnêtes, qui trou-
vent, dans les places qu'ils tiennent du Chapitre,
des avantages fans lefquels ils feroient dans la
plus étroite médiocrité, & peut-être dans le befoin.

Et s'il y exifte quelques perfonnes, en faveur
defquelles la fortune ait arrêté fa roue, il en eft
bien peu qui ne doivent une forte partie de leur
opulence à la faveur de cet établiffement.

Feignons un inftant fa deftruction; & puiffe

cette fuppofition en faire pour jamais rejeter la
réalité!

Que vois-je autour de nous?.... Deux mille
malheureux, périffant de faim & de mifere, &
déteftant dans les angoiffes de leur défefpoir ceux
auxquels ils devroient les horreurs de leur fort.

En vain le cœur des deux mille autres gémi-
roit de leurs tourmens; ils étoient trop peu riches pour alléger le poids de leur infortune, &
ils auroient trop perdu eux-mêmes pour pouvoir
les fecourir.

Forcés de chercher des afyles ailleurs, ils traî-
neroient en vain les lambeaux d'une mifere
dont ils expireroient avant de rencontrer jamais
les fecours qui leur auroient été arrachés.

L'artifan y feroit fans ouvrage, le commerçant
fans négoce, l'homme à talens fans place (*),
& le pauvre fans aumônes.

O ma Patrie! je quitte ce tableau, mon
ame oppreffée ne peut en continuer les traits, ni
foutenir le fentiment qu'il infpire.

Je me hâte, au contraire, de chercher des
confolations dans les efpérances de la confervat-
tion de ce monument de fageffe & de vertu.

La religion de nos peres le réclame; la politique raifonnable y applaudit; la juftice s'éleve
contre fa deftruction, & la nation ne peut qu'y
perdre.

Le progrès des idées de tous les fiecles s'a-

(*) La fuppreffion des Juftices, la nouvelle organifation du pouvoir judiciaire, la diminution confidérable du
Reffort & Département de Remiremont, font déja des pertes difficiles à réparer.

vançant toujours , s'éloigne fouvent du vrai fimple , & de ce qui eft bon; il fe compofe fans
ceffe de l'entaffement de nouvelles chimères.

Heureux fi , s'arrètant par intervalles, l'homme
jette un coup d'œil en arriere , & revient fur fes
pas ! Mais la philofophie , naiffant toujours fur
la fin de ces âges, veut, de l'excès de la dépra-
vation , produire un retour vers l'état vrai de
l'homme : on croit retrouver le bonheur ; on le
voit , on penfe le faifir ; mais fouvent il échappe
à nos mains empreffées.

O François ! Nation aimable , fi près de la
nature par la douceur de votre ame , par votre
cœur fenfible , par vos graces , confervez , aug-
mentez ces dons heureux ; Nation favorifée des
deftinées , qu'il vous foit donné d'être deux fois
grande & deux fois heureufe !

Régénérée par la raifon , qu'elle vous ramene
cet âge fortuné de candeur & de fimplicité que la
nature fit à nos peres ! Ne croyez pas que rien
ait dégénéré pour vous. Non , le caractere national n'eft ni effacé ni affoibli parmi vous.
Cette erreur des hommes chagrins , ou même
cette vérité des ames foibles , doit toujours être
éloignée pour étendre le bien. Croyez-y d'a-
vance ; mais , en nous ralliant au nom de la liberté , apprenons à en jouir ; que ce foit la per-
fuafion des bons cœurs qui nous dirige. Si la
force des génies fait la deftinée des Nations , la
raifon eft le livre où la nature eft écrite ; le
fentiment parmi nous l'interprete. Oui , les vertus font encore des plaifirs.

Mais combien les idées factices de la fociété ,
en faifant du bien-être un art difficile à connoî-

tre, ne nous en auroit pas écartés, si la religion n'eût été un guide plus assuré !

Aussi la piété, j'ose encore le croire, sera pour
nous de tous les âges & de toutes les constitu-
tions ; les hommages dus à la Divinité toute-puis-
sante ne cesseront pas de lui être rendus ; & le
Dieu qui est le Dieu de tout, ne sera pas oublié dans ce siecle de lumiere.

Dans la simplicité de ses maximes, dans la
justesse de ses préceptes, dans la douceur de ses
motifs, la religion chrétienne est clairement le
système de la nature pour le bonheur & les devoirs de l'homme.

Oui, cette religion sublime seroit le code de
la félicité humaine, si elle étoit la regle de nos
mœurs. Au-dessus de tous les préjugés, dégagée
de toutes les erreurs, loin de toutes les passions,
elle ramène l'homme à son bien-être, à la nature
& à son Dieu. Si elle ne contient pas le plan exprès
de la société, elle conduit l'homme avec douceur à
le réaliser. Plus solide que toutes les déclamations
des Philosophes, elle donne un être à la vertu,
dont ils n'ont jamais embrassé que la chimere :
elle est la loi de l'homme de tous les tems, de tous
les climats, de tous les âges ; tous les cœurs bons
lui appartiennent ; tous les hommes vertueux
sont ses enfans : ces sages, ces héros de l'humanité, qui étonnerent les Empires par leurs vertus, & consolerent les Nations par leur exis-
tence, la révérerent ; & en voulant que l'homme
fût heureux, ils desirerent qu'il fût chrétien.

Ce ne sera pas en détruisant les monumens
les plus augustes de cette religion sainte, qu'on
suivra leur exemple. Quelle force ne perdra-t-elle

pas, si cet antique respect, qui doit durer toujours, voit ternir cet éclat qui le rendoit impo-
sant ? Les institutions du génie humain viendront
bientôt s'écrouler sur les ruines majestueuses des
monumens élevés autrefois à la gloire du Dieu
de toutes les vertus ; le crime & l'irréligion naî-
tront de leurs débris, & leur voix, encore puis-
sante, se mêlera aux pleurs des malheureux que
leur écroulement aura multipliés, pour reprocher
leur chûte à ceux qui auront brisé l'arche de leur
félicité.

Ce n'est pas que je croie que notre religion
voie avec complaisance le quiétisme de la paresse,
& que celui-là qui prie le plus, soit plus vertueux
que celui qui laboure le champ qui le nourrit.

Je me garderai d'avilir ainsi la Divinité que
j'adore ; & la suppression des Religieux purement
contemplatifs, ou la réforme d'un tel abus ne
sera jamais un attentat à sa gloire.

Elle rejette au loin, sans doute, les hommages que peuvent lui présenter, avec le dépit de
la contrainte, des mains chargées des chaînes
qu'ont forgées la superstition & le bigotisme ;
elle n'aime que l'expression des cœurs vertueux
& libres ; & l'anéantissement de l'exclavage per-
pétuel, inspiré par des vœux qui contrarient souvent le caractere & la nature, étoit digne d'oc-
cuper les Amis de l'humanité.

Qu'au milieu des besoins qui assiegent le Corps
national, & au centre de la misere qui afflige
tant de Citoyens, les grandes richesses des hommes dévoués au service des Autels, soient un
ornement dont ils aient besoin, c'est ce qu'on ne
se persuadera jamais ; elles en déshonorent bien

plutôt le culte & la médiocrité de la primitive Eglife, qui n'étoit ni moins impofante, ni moins refpectable.

Mais ce fexe foible, qui, depuis douze fiecles, a formé le College de Romaric, a toujours fu allier à l'exercice des vertus religieufes, celui des vertus morales & civiles. Depuis fa fondation jufqu'à nos jours, le plus bel ornement de la Province, il a toujours fenti qu'il ne fuffifoit pas de prier pour plaire au Créateur, mais que tous les hommes étant fes enfans, égaux à fes yeux & dans l'ordre de la nature, c'étoit bien plus lui plaire, que de leur faire du bien, & de travailler pour leur bonheur.

Je n'affurerai pas, d'après l'obfcurité qui couvre ces fiecles reculés, fi, lorfque Romaric créa le Chapitre de Remiremont fous la difcipline de faint Euftaife, celles que la piété y conduifit, s'obligerent par des vœux folemnels à y refter toujours. On fe perfuade aifément que le goût de la retraite, & un fentiment vraiment religieux, furent long-tems les feuls liens qui fixerent dans les deferts tant de faints Perfonnages, & peuplerent les premiers établiffemens; que l'émiffion des vœux ne dut fon exiftence qu'aux momens où l'efprit de religion, déja affoibli avec la pureté des mœurs, il fallut donner des entraves à l'inconftance humaine.

Mais foit que dans leur origine les Filles de Romaric aient été libres ou liées par des vœux, qu'elles aient repréfenté celles que Salomon avoit raffemblées dans le Temple, ou celles qui gardoient le feu facré, il fuffit que, depuis un tems, dont on ne peut fixer l'époque, l'afferviffement des vœux n'exiſte plus contr'elles, pour qu'on ne puiſſe les aſſimiler à ces Corps auxquels on a rendu la liberté.

L'opulence du Chapitre ne contrariera jamais non plus l'eſprit auquel on veut ramener les Miniſtres des Autels: peu riche pour ſes charges, ſes revenus ſuffiſent à peine pour ſatisfaire ſes diſpoſitions bienfaiſantes ; c'eſt le patrimoine des infortunés ; il ſeroit difficile de l'employer à un plus noble uſage, & impoſſible de remplacer dans cette Contrée les ſecours qu'il y fournit.

Conſidéré ſous un point de vue politique, le Chapitre n'eſt pas moins reſpectable aux yeux de la raiſon, & néceſſaire au bien de la Nation.

La Nobleſſe lorraine abandonnera ſans regret ce qui, nuiſant à ſon pays, laiſſoit encore des veſtiges d'une autorité qu'elle ne voulut devoir qu'aux faits de la grandeur d'ame, & n'exercer que ſur des amis.

Les mânes de nos anciens Chevaliers reprocheroient à ceux de nos jours, de n'être pas dignes d'eux, ſi, héritiers de leurs noms, ils ne l'étoient de leurs vertus ; mais ce ne ſeront pas leurs deſcendans qui regarderont comme des pertes ce qui leur ſera demandé pour le bien de la Patrie : ils le reçurent comme des récompenſes de leurs vertus ; eh bien ! la vertu encore leur fera trouver du plaiſir à s'en dépouiller.

Généreuſe & guerriere, la Nobleſſe lorraine fut toujours grande, mais peu riche. Elle va le devenir bien moins encore ; & cet aſyle auguſte, élevé à la Nobleſſe vertueuſe & ſans fortune, qui, dans la ſuite des noms auxquels il doit ſon illuſtration, nous montre, pour la plûpart, les

Filles de cette ancienne Chevalerie, qui facrifia fon tems, fa fortune & fa vie au fervice de la Patrie, cet afyle devient, de nos jours, plus né-ceffaire encore.

Mais il n'y a plus de Noblesse, plus de distinction d'Ordres.

Il n'y aura plus, fans doute, en faveur de la Nobleffe, de ces prérogatives gênant la liberté qui appartient à l'homme, de ces droits qui ho-noroient d'autant moins le Noble, qu'ils avi-liffoient le Roturier.

Mais on ne fera jamais qu'un Seigneur, qui fut long-tems comme un pere au milieu de fa famille, ne foit encore révéré de fes enfans; que celui qui a fervi & mérité de la Patrie, ne jouiffe de la récompenfe & de l'opinion qu'il a obte-nues; & tant qu'on n'épuifera pas le fang qui anime la bienfaifance de l'homme vertueux, celui qui fut digne d'être noble, le fera toujours.

Je ne parle pas de cette Nobleffe d'argent, de ces noms modernes & avilis, entés fur des titres antiques & des familles autrefois honorées; de ces Grands qui n'ont plus rien d'élevé que leur orgueil & leur ambition, & auxquels, des ver-tus qui firent chérir leurs aïeux, il ne refte que les noms, les armes, & ce qui flatte la vanité & la dureté de leur cœur.

Que ceux-là périffent pour jamais, & que leur fouvenir même foit effacé de deffus une terre qu'ils ont affligée. Ils ne furent jamais nobles, puifqu'ils ne connurent pas les vertus qui peu-vent élever l'homme au-deffus de fon femblable pour l'en rapprocher davantage. Ils ne furent jamais nobles, puifqu'ils abuferent de ce titre pour dominer fur les autres, fe croire différens d'eux, & couvrir fouvent de quelque diftinction une fortune ufurpée fur le pauvre, & amaffée par la rapine.

Qu'il n'y ait plus de Nobles que ceux qui mériteront de l'être ; que tout Citoyen le foit, pourvû qu'il connoiffe affez les avantages d'être jufte, généreux & bon.

Puiffe cette Nobleffe de la vertu être déformais la feule à laquelle nous devions des refpects & des hommages, & devenir l'unique diftinction qui mette à l'avenir de la différence dans les Ordres !

Formons des vœux pour que celui de la vertu, du patriotifme & de la fageffe s'agrandiffe & fe fortifie, que celui des méchans fe deffeche, & périffe, & que la honte d'être mauvais Citoyen faffe naître par-tout le civifme.

Mais quand nous ferions arrivés à une époque auffi heureufe, & qu'on ne peut imaginer que dans un lointain dont on n'apperçoit pas le terme, la Patrie n'auroit que plus d'obligations à remplir, & plus de récompenfes à répandre.

Content d'avoir fait le bien, le témoignage de fa confcience & le fuffrage accordé par l'opinion publique, font prefque toujours les feuls fruits que recueille celui qui s'eft dévoué au fervice de fon pays: fouvent encore la Patrie, injufte envers lui, ne lui paie pas même un tribut de reconnoiffance, tandis qu'il ne fonge qu'à la fervir, en s'oubliant abfolument lui-même.

Cependant, en employant fon têms, en profitant de fes lumieres, de fon courage & de fon génie, l'État contracte envers lui une dette d'autant plus facrée, que c'eft le paiement de fon bonheur, & le prix de la vertu.

Il faut donc que, toujours & maintenant, je crois, plus que jamais, il existe des établissemens qui offrent des ressources à l'infortune, des récompenses aux belles actions, & des distinctions à la grandeur d'ame.

Il le faut.... le feu du patriotisme ne s'attise pas au sein de la misére, dont le partage n'est plus que la timidité & la honte.

Il ne sort pas du luxe de l'abondance, qui n'enfante que l'ambition & la vanité.

Il s'allume au foyer de la médiocrité, par l'amour de la vertu, soutenu par les espérances qu'il présente.

Mais si celui qui se dévoue au bien de la Patrie, ne voyoit s'ouvrir devant lui d'autre perspective que celle de vivre pauvre, & de mourir malheureux; s'il n'appercevoit aucune ressource pour lui & pour sa famille, croyons que ce feu salutaire s'éteindroit bientôt; il seroit inutile, il deviendroit même dangereux d'être vertueux.

Le riche seul seroit heureux, & son pouvoir plus grand que jamais. Nous verrions s'élever au milieu de nous l'aristocratie de l'opulence; l'ordre de la vertu ne prévaudroit plus sur celui des méchans; celui des riches coupables domineroit celui des pauvres vertueux (*).

_____

(*) C'est alors que le mot d'*aristocratie*, dont tant de gens parlent comme les bonnes gens des esprits, & les enfans du diable, auroit une signification dont l'apologue suivant va faire sentir la cruauté.

La nature avoit servi une grande table, & elle invita tous les hommes à s'y asseoir : il y en eut qui arracherent les mets qui étoient devant leurs voisins, tandis qu'ailleurs d'autres avoient l'adresse de les dérober. La moitié des

La confervation du Chapitre, affurée par ces confidérations religieufes & politiques, auxquelles il feroit difficile de réfifter, trouve un nouvel appui dans les principes d'une juftice dont on ne peut craindre que l'on doive s'écarter.

Romaric, maître des domaines dont il a doté le Chapitre, en s'en dépouillant, devoit tout au moins en refter le Seigneur (*), & pouvoit en tranfmettre la qualité à celles qu'il conftituoit perpétuellement fes héritieres.

Auffi, dans cet établiffement, on rencontre les droits & les obligations d'un Seigneur laïc, & d'un Corps eccléfiaftique féculier.

Il les avoit, fans doute, tous les droits de cette double qualité; mais il n'en jouit pas; il les oublia pour n'en conferver que les obligations.

La deftruction des colombiers, par exemple, n'a pas fupprimé un droit dont le Chapitre ait jamais joui; il n'en exiftoit en Vôge que ceux des Curés.

L'abolition du droit exclufif de la chaffe n'eft pas non plus un préfent que les habitans de nos montagnes avoient à defirer.

---

hommes ne dîna pas ce jour-là; on prit patience. Le lendemain tout le monde fe repréfenta; mais ceux qui avoient dîné double étoient trop forts contre ceux qui n'avoient pas repu, & ils ne leur permirent feulement pas de s'affeoir à table. Le furlendemain ces bêtes féroces foulerent aux pieds leurs femblables, qui expiroient de foibleffe & de défefpoir.

(*) Seigneur & maître offrent quelquefois la même fignification; mais j'efpere qu'on ne me fera pas cette chicane, & que la différence que préfentent ces deux termes fe fait entendre affez.

Ce droit, partagé presque par-tout entre le
Roi & le Chapitre, n'offroit ni capitaineries,
ni réserves qui pussent nuire à l'agriculture. Le
gibier y étoit, il est vrai, une ressource ; mais
elle étoit trop peu abondante ; on n'étoit pas
assez jaloux de la multiplier, pour que le cultivateur en eût jamais souffert; & je dirois volontiers qu'il seroit à desirer, pour tout ce Département, que sur cet objet les choses n'aient
pas changé (*).

Seul Seigneur à Remiremont & dans quelques endroits circonvoisins, le Chapitre n'y a
jamais joui du droit féodal le plus foible, pas
une seule prestation personnelle, pas une rede-
vance, point de droits de main-morte, de lots
& vente, pas même de bannalité; & jusques-là,
la suppression de tous ces droits ne l'a pas atteint.

Il est un Seigneur qui nourrit, protege &
chérit tout ce qui l'environne, & ne sait rien en
exiger; il percevoit à Remirement un droit qui
paroissoit onéreux, il l'a adandonnné.

Dans les seigneuries nombreuses dont il partage les droits avec le Roi, on les trouve un
peu plus étendus. Le Chapitre a pu les aban-
donner dans les lieux où il étoit seul Seigneur ;
mais son association avec le Souverain ne le laisᵉ
soit plus le maître de disposer des prérogatives
qui étoient dans l'indivision, ou peut-être les

(*) Dans un pays tel que le nôtre, la liberté de la
chasse est infiniment dangereuse; elle a mis des armes entre les mains de tout le monde dans une contrée qui offre
mille moyens d'en abuser, & rend presqu'impossible de
s'en servir sans inconvénient.

dut-il à la dignité de la Couronne , dont l'autorité les établit & conserva.

Mais dans celle-ci encore on reconnoît à peine la trace des droits du Seigneur.

On ne les apperçoit pas même dans la fameuse cérémonie du lendemain de la Pentecôte.

A ces mots , la critique murmure ; elle n'y voit qu'un signe de la servitude personnelle , élevé sur le déshonneur de la religion.

Homme juste & réfléchi , ce ne sera pas-là votre langage : loin de voir avec un œil perfide les marques de l'oppression & le tribut de l'esclavage dans une cérémonie que le déréglement de nos mœurs , le peu de respect pour nos Églises , & une curiosité stupide ont rendue indécente & tumultueuse (*) , vous n'y reconnoîtrez que le caractere d'une religion simple comme la nature , douce comme elle , & reconnoissante comme ses enfans.

Vous n'y verrez qu'un hommage religieux rendu au Dieu tutélaire de cette Contrée , & une offrande de fleurs, dont la piété , autant que la reconnoissance , veut orner sa tombe.

Si l'on se reporte au tems où Romaric vint changer l'aspect de la Vôge , & qu'on se représente ensuite l'heureuse époque où elle étoit un pays riant & fertile.

Si l'on s'y place au sein de l'hiver , qu'on y soit encore au retour du printems , & qu'on ait une ame , on bénira celui dont la présence salutaire vint animer cette Contrée ; on le bé-

_____

(*) Qu'on ne croie pas que je pense qu'il faille conserver cette cérémonie ; elle est devenue un abus.

nira encore, quand on verra fes bienfaits fe re-
produire fans ceffe ; & preffé du fentiment d'une
tendre fenfibilité , on fe livrera volontiers à fa
douce expreffion chaque fois que , par une vie
nouvelle , la nature nous offrira de nouvelles
efpérances.

Des forêts antiques , élancées du fein d'im-
menfes rochers qu'elles ombragent , fe perdant
dans les nues , femblent habiter la région des
orages ; leurs cimes touffues , agitées par les
vents glacés du Nord , retiennent les brouil-
lards , & enlevent à la terre les rayons du foleil. Les frimas dont elles font prefque toujours couvertes, defcendent jufques dans le fond
des plaines ; la neige s'entaffe , & toute la nature eft enfevelie fous le voile épais dont elle
couvre la terre. Si l'excès du froid ; condenfant
l'athmofphere, en diffipe les vapeurs , & vient
offrir au montagnard refroidi l'afpect du foleil ,
& la vue d'un ciel ferein , il n'en reffent pas
l'influence : celui-ci femble l'avoir oublié, tandis que l'autre ne luit que pour éclairer le tombeau de la nature.

Froid & fans force, fes rayons baiffés fe répe-
tent, fans les diffoudre, dans des monceaux de
glaces, croiffant avec les gelées.

Les cris des fiers vautours , les croaffemens
des finiftres corbeaux , & les hurlemens des loups
dévorans , forment les feuls fons dont les airs
retentiffent.

Enfermée dans fa cabane , la famille du trifte
laboureur entoure de tout près un feu qui les
garantit à peine des rigueurs de cette faifon
cruelle.

Un

Un panier de pommes-de-terre, placé au milieu d'elle, fait toute fa nourriture, & ce n'eft
pas fans inquiétude que le pere de famille en
voit diminuer le monçeau ; fon régal eft un peu
de lait, fouvent il n'a pas de pain.

Ses petites provifions font épuifées ; le befoin
force les murs de fon afyle ; la maladie s'y introduit avec la difetre, & les mains de ce malheureux pere, élevées vers le ciel pour implo-
rer fa clémence, tombent fouvent fans fecours
dans les bras de la mort.

Telle étoit la Vôge avant Romaric ; telle elle
eft encore au fein de nos hivers.

Cependant le folftice glacé s'éloigne, le foleil remonte l'horizon, & fes rayons plus droits
commencent à amollir les neiges ; la pluie ne fe
gele plus en tombant, & long-tems encore avant
de pénétrer la terre, elle la découvre, & roule
fur fa furface les glaçons qu'elle entraine.

Le froid hiver & fon engourdiffement re-
montent les montagnes ; mais ils ne fe font pas
encore enfuis dans les antres déferts, où ils fe
tiennent cachés, quand de fon feu l'été brûle
les plaines, que déja les vallons fe raniment,
l'alouette s'envolant dans les nues, femble par
fes chants rendre graces au ciel du printems
qu'elle nous annonce.

Le laboureur ouvre fa chaumiere ; il revoit
fes champs, & fes forces renaiffent.

Les troupeaux font fortis des étables, & la
campagne retentit des chants des bergers qui
les conduifent.

La mélodie du roffignol, les accens de la tendre tourterelle, des taillis déja feuillés fe ré-

pandent dans la plaine, dont le cultivateur admire la fécondité & les progrès.

Les humbles fleurs, les arbustes timides , les plantes salutaires croissent en foule , les bords féconds d'un limpide ruisseau offrent l'émail d'une riche prairie ; & le laboureur , plus content que bien des Rois, en rentrant dans son habitation avec la nuit qui l'y ramene , retrouve dans un sommeil tranquille un nouveau courage au travail.

Le printems de la Vôge est peut-être ce qui ressemble le plus aux chimeres de l'âge d'or , & ses habitans en ressentent d'autant mieux les douceurs , que les hivers y sont plus longs & plus cruels ; car le retour du bonheur pour l'homme qui a souffert, porte à son cœur un double plaisir , & lui inspire plus de reconnoissance.

Nos compatriotes n'ont pas oublié , & leurs peres leur ont appris à se le rappeller souvent, que la présence de Romaric amena le premier printems dans ces montagnes, & ils croient que du haut de l'Empirée , il les protege encore près du Dieu des saisons.

Ah ! cette pensée , dût-elle être une chimere aux yeux du génie philosophique, laissons-la aux simples habitans de nos campagnes.

Laissons-les rappeller qu'ils eurent un Bienfaicteur , croire qu'il vit encore pour eux, & qu'il leur obtient les faveurs de la Providence.

N'allons pas les tromper , en leur faisant regarder comme un acte de servitude, ce qui ne fut jamais qu'un tribut d'une religieuse reconnoissance , dont l'offrande des premieres productions de la saison nouvelle étoit l'expression.

Une branche d'arbre à peine feuillée , une fleur naissante, font les seuls dons dont ils viennent couvrir le tombeau de Romaric, & qu'ils déposent aux pieds de son Dieu.

La joie pure qui les anime , le motif qui les conduit, sont exprimés par ces chants qui annoncent l'alégresse de la religion, & la musique villageoise qui les précède, se mêlant à leurs voix, ajoute à leur gaieté.

Loin de les attendre en maître , le Chapitre va les recevoir en amis.

De jeunes filles accompagnent leur offrande champêtre de cantiques simples , mais vrais, dont l'expression rustique est un hommage bien doux aux vertus du Chapitre, & un témoignage bien pur de son utilité dans le canton.

L'offrande est faite , mais la joie se prolonge ; celle des habitans de la Cité s'y réunit.

Des danses villageoises , des jeux , des repas ne sont terminés que par la fin du jour, qui rappelle dans le village les peres & les enfans, pour se livrer le lendemain à d'autres occupations.

Non , ce n'est pas ainsi que marche la servitude ; ce n'est pas ainsi qu'elle s'exprime ; ce n'est pas ainsi qu'elle se réjouit. O liberté ! ô bonheur ! c'est bien plutôt ton image, c'est la fête des bonnes gens (*).

_____

(*) Des Paroisses qui viennent en procession à l'Eglise de Remiremont , Dommartin apporte une branche de genevrier ; Saint-Amé du muguet ; Saint-Nabord du rosier sauvage ; Saint-Etienne du cerisier ; Vagney du sureau ; Saulxures des saules ; Rupt du chêne ; Ramonchamp du

Le doʀit de juſtice eſt, de tous les droits du Chapitre, celui dont l'exercice paroît avoir été le plus étendu, & conſervé avec le plus de ſoin.

On diroit que, jaloux de terminer lui-même les difficultés des habitans de ſon domaine, il ait

---

ſapin; Ravon du genêt; Plombieres & Bellefontaine de l'aube-épine.

Leurs cantiques font ſentir que c'eſt un pélerinage éta-bli par la piété. Voici l'extrait de celui de Dommartin.

KYrie, Sire ſaint Pierre,
Qui à Rome ſied en chaire,
De céans êtes le Patron,
A vous nous nous préſen-
tons
Par bonne dévotion.

Kyrie, Sire ſaint Romaric,
Nous vous venons requérir
En la Ville de votre nom;
Donnez-nous protection.

AUX DAMES.

Vos aumônes & charités,
Et autres œuvres de piété,
Sont en admiration
Au pays des environs.
A Dieu nous ferons nos
prieres
Pour le Grand-Prévôt-Saint-
Pierre,
Afin que ſa gouvernation
Soit juſte & ſans léſion.
A tous Seigneurs nous
prions,
A tous Officiers demandons
D'accorder à nos cantons
Leur noble protection.

Nous prions, petits &
grands,
Tous les Saints qui ſont céans
Que Dieu nous donne con-
feſſion,
Grace & conſolation.

Nous prions dévotement
Le vrai Dieu du firmament
De garder de trahiſon
La ville de Remiremont.

Nous prions de bon cœur
Pour les grains qui ſont en
fleurs,
Que Dieu nous donne bonne
moiſſon,
Et de tous biens à foiſon.

Nous vous prions pour
nos péchés,
Avec un cœur humilié,
Afin que Dieu nous faſſe
pardon,
Et nous en donne rémiſſion.

Pour la paix nous devons
prier
Qu'il plaiſe à Dieu nous
l'envoyer,
Et aux trépaſſés nous dirons
Que Dieu leur faſſe pardon.

voulu conferver la glorieufe prérogative de maintenir ou de rétablir la paix parmi eux.

Les caufes des vaffaux fe jugeoient ancienne-
ment aux plaids par-devant leurs Seigneurs ; les
Ducs rendoient eux-mèmes la juftice, & les
Avoués des Églifes l'adminiftroient pour elles.

Enfuite des Baillis furent créés ; mais ils né-
gligerent bientôt la noble fonction qui leur
étoit confiée, & l'abandonnerent à des Officiers
qui leur étoit fubordonnés.

Tel a été le fort des feigneuries communes
entre le Roi & le Chapitre ; mais dans celles
où il a joui feul du pouvoir feigneurial, particuliérement à Remiremont, il n'a pas regardé
comme au-deffous de fa nobleffe d'en remplir lui-
mème les devoirs.

Ça été pour lui une fonction précieufe, que
celle que les Grands avoient regardée comme
au-deffous d'eux, & fes membres fe font fait
gloire jufqu'à nos jours de rendre elles-mèmes
la juftice.

Eh bien ! ce qui honora long-tems la nobleffe
& l'humanité, ce que le Chapitre a confervé,
non par orgueil ; puifque les autres Seigneurs
l'avoient abandonné par vanité, eft peut-être la
feule chofe qui puiffe paroître un abus dans la
conftitution du Chapitre.

Ses tribunaux trop multipliés à Remiremont
pouvoient pefer fur le peuple ; les défordres
qui naiffent ordinairement des Hautes-Juftices
des campagnes, fe faifoient peut-être fentir à
leurs habitans ; mais la réforme de ces inconvé-
niens, par une organifation meilleure dans l'or-

dre judiciaire, ne donnera au Chapitre aucun regret, si elle présente à des Citoyens qu'il aime plus d'avantages que ne leur en offroit la satisfaction qu'il éprouvoit à être l'arbitre de leurs différends.

Ce sera le seul que le Chapitre y perdra, ses justices d'ailleurs ne lui étant qu'onéreuses, & la sagesse de son institution, ainsi que la douceur de son Gouvernement étant tels, que la seule chose qui paroisse pouvoir y être corrigée, n'est encore que l'effet de sa grandeur d'ame, & la preuve de sa bonté.

Pour rendre l'homme à sa liberté premiere, autant que cela est possible dans l'état de société, pour le rappeller à l'égalité & à la gloire de son être, on a effacé jusqu'aux traces de tout ce qui l'avilissoit, & contrarioit des droits long-tems oubliés & méconnus.

Mais il a fallu s'arrêter ; le droit sacré de la propriété élevoit une barriere qu'on ne pouvoit franchir qu'avec injustice ; & cette barriere forme un obstacle invincible à la suppression du Chapitre.

On n'a pas imaginé que la Nation pût rentrer dans le fonds des fiefs, quel qu'ait été leur origine, & la terre est restée à son maitre.

L'Assemblée Nationale a reconnu aussi qu'elle ne pouvoit supprimer sans indemnité les droits seigneuriaux censuels & utiles, qui font le prix & la condition d'une concession primitive de fonds.

Cependant, penser à la suppression du Chapitre, à l'aliénation de ses biens, c'est violer ces deux principes.

Que la feigneurie (*), réfide dans plufieurs individus réunis en un corps, ou qu'elle foit à un feul, elle eft toujours la même, quant aux droits.

Ainfi, la propriété ou feigneurie qui réfide dans le Corps du Chapitre eft auffi inviolable que celle qui eft attachée à la perfonne d'un particulier, & on ne peut toucher davantage à celle du premier qu'à celle du fecond.

Or, la plûpart des domaines du Chapitre font des domaines feigneuriaux, des propriétés foncieres; & fes autres revenus, excepté la dîme, font des droits utiles, qui tombent dans la claffe de ceux confervés par l'Affemblée Nationale jufqu'à ce qù'ils auront été rachetés.

Ainfi, le Chapitre de Remiremont, confidéré comme un Seigneur laïc, ne peut effuyer de fuppreffion; car, en confervant à celui-ci fes propriétés foncieres, & en établiffant le rachat des redevances utiles, on en a néceffairement confervé le Propriétaire; fans quoi, après avoir laiffé le fonds à fon maître, ce feroit alors enlever le maître à fon fonds.

Rien n'implique non plus qu'un corps, même un particulier raffemble les caracteres & les droits d'un Laïc & d'un Eccléfiaftique féculier.

Le Chapitre en offre la réunion; mais ceux d'un Corps laïc en forment particuliérement la conftitution.

Libres comme tous autres Citoyens, fes mem-

(*) La feigneurie aujourd'hui & ici ne s'entend plus que de la propriété.

bres ne perdent, en y entrant, aucuns de leurs
droits : ils peuvent le quitter quand il leur plaît,
pour prendre un autre état ; fe choifir qui ils
veulent pour les remplacer ou leur fuccéder, &,
dans aucuns cas, leurs places ne peuvent paffer
à d'autres que par l'effet de leur choix & de leur
volonté. Ils ne font pas privés du droit de recevoir
des fucceffions, & de tranfmettre les leurs. Ils
peuvent acquérir des propriétés foncieres, les vendre, fans qu'affurément perfonne puiffe y toucher.

Seroit-il, d'après cela, inconféquent de dire
que celles qui appartiennent au corps ou aux
membres réunis, que celles qu'ils ont reçues
par l'inftitution d'hérédité faite par Romaric en
leur faveur, que celles qu'ils ont pu acquérir
depuis, ne font pas auffi facrées (*)?

Les caracteres d'un Corps & d'un Propriétaire
laïc, déja bien diftingués dans tous les endroits
où le Chapitre étoit feul Seigneur, fe manifef-
tent bien mieux encore dans fon affociation avec
les Souverains & l'indivifion des domaines com-
muns, qui forment la plus forte partie de fes
revenus.

Ils font néceffairement des domaines laïques,
des fonds feigneuriaux, ou la repréfentation de
ces fonds ; le domaine du Roi n'eft pas un domaine eccléfiaftique, & celui du Chapitre eft le
même, il eft confondu avec lui.

_____

(*) Quantité des biens appartenans à différentes prébendes du Chapitre, ont été achetés particuliérement, &
des deni:rs de plufieurs de ces Dames, pour refter annexés
à leurs prébendes, & paffer en la jouiffance de celles qui
leur fuccéderoient.

La qualité de Corps eccléfiaftique ne paroît pas affoiblir fon exiftence.

C'eft un Corps religieux par fa piété & fes vertus ; mais ce n'eft pas un Corps religieux à réformer ni à corriger.

La fuppreffion des Ordres monaftiques ne peut l'ébranler ; il n'a rien de commun avec eux que le culte & la maniere de célébrer l'Office divin ; mais fon inftitution eft toute différente : ce n'eft pas un Ordre, c'eft un Corps ; ce ne font pas des perfonnes enchaînées, mais des perfonnes libres ; & étendre la fuppreffion des Religieux à celle des Chapitres, c'eft détruire tout ce qui honore la religion, la foutient parmi nous, & y confole l'humanité.

Le Décret qui donne à la Nation la difpofition des biens eccléfiaftiques, n'eft applicable avec juftice à la vente de ceux du Chapitre de Remiremont, qu'autant qu'il feroit prouvé que ces biens lui ont été donnés par la Nation, & que leur emploi n'eft pas utile au bien de la Patrie.

Elle a pu voir, dans bien des fondations furprifes, tantôt à la foibleffe des Souverains & des Seigneurs, tantôt à une piété égarée, l'aviliffement de la religion, la honte de fes Miniftres, l'appauvriffement de l'État, & la fpoliation des familles.

Mais on doit fe rappeller que tout ce que ce tableau peut avoir de frappant, n'emprunte aucun de fes traits dans la conftitution du Chapitre de Remiremont ; fa fondation, comme celle des grands Chapitres, eft antérieure de plufieurs fiecles à celui qui vit naître un genre d'expiation dont les vertus de Romaric n'avoient pas befoin.

Ce Saint voyoit fa tige s'éteindre dans une famille qui partageoit fa folitude (*) ; il voulut difpofer d'un patrimoine dont il étoit légitime Propriétaire ; & il ne paroît pas que ce foit de tels biens qui appartiennent à la Nation.

Il ne les lui a pas enlevés pour en difpofer contr'elle ; il les lui a au contraire donnés, en les faifant cultiver, & les lui rendant utiles.

Mais on ne peut changer l'intention du Donateur ; fa difpofition eft d'autant plus facrée, que c'eft bien moins au Chapitre qu'à la Contrée entiere, qu'appartient la dotation de Romaric ; elle l'eft d'autant plus, que c'eft la derniere volonté d'un pere envers fes enfans.

Auffi, comme on l'a déja vu, le ferment de conferver toutes les propriétés du Chapitre fut-il folemnellement prêté par les Souverains ; ce qui doit en rendre l'exiftence bien plus folide & bien plus inattaquable. Ils virent, dans cet établiffement, une récompenfe ouverte à la vertu ; ils y virent l'Auteur & le Confervateur de la vie d'un conton confidérable de l'Empire ; & autant par juftice que par piété & par politique, ils s'impoferent l'obligation de le protéger (**).

(*) Il avoit trois filles, dont deux l'accompagnerent ; la troifieme fe maria, & eut deux enfans, l'un appellé *Adelphe*, & l'autre *Gertrude*, qui vinrent fe réunir à lui au Saint-Mont.

(**) Que cette portion de la Lorraine ait été fous le Gouvernement de l'Empire, que nos Ducs aient repris des Empereurs la dignité de Comtes de Remiremont, ou que nous ayons appartenus à la France, toujours le Cha-

Qu'en l'oubliant on pense que la justice peut permettre de détruire le Chapitre, & de s'emparer de ses propriétés, il est évident que la Nation ne peut qu'y perdre.

Elle s'imposeroit par-là les charges qu'il remplit, & ne peut espérer cependant pouvoir remplacer les pertes que sa destruction y occasionneroit.

Ces pertes seroient immenses, & le produit de la vente des biens du Chapitre seroit très-foible.

La vente des biens du Clergé est décrétée; mais elle n'est pas moins encore une grande question qui s'agite de toutes parts; & le sentiment de son danger est appuyé sur des motifs très-puissans.

_____

pitre s'est vu soutenu & protégé dans son établissement, ses droits & ses propriétés.

Henri V, empereur, en 1113; Conrard III, empereur, en 1141; Mathieu I, duc, en 1152; Simon II, duc, en 1177 & 1194; Thiébaud I, duc, en 1219; Mathieu II, en 1230; Ferry III, en 1255 & 1264; Albert I, empereur, en 1299 & en 1304; Ferry IV, duc, en 1326; Raoul, duc, en 1333; Jean I, duc, en 1376 & 1382; Charles II, en 1392; Sigismond, roi des Romains, en 1415; René I, duc, en 1430; Charles VII, roi de France, en 1444; Jean II, duc, en 1462, & par son serment en 1465; René II, duc, par son serment en 1474; Charles V, emreur, en 1551; Ferdinand I, empereur, en 1563 & 1564; Charles IX, roi de France, en 1564; Maximilien II, empereur, en 1565; Charles III, duc, par son serment en 1579, 1580, 1595; Louis XIII, roi de France, en 1635; Louis XIV en 1662, & dans les arrêts rendus en son Conseil pour former les réglemens du Chapitre; le duc Léopold en 1700, 1702, 1723; Stanislas en 1751.

Louis XIII & Louis XIV s'expliquent ainsi: » Que » Romaric, Prince de leur Royaume, considérant que la

On n'y apperçoit que l'anéantiffement fubit d'une reffource perpétuelle, une dilapidation de toutes les plus belles propriétés du Royaume, bien plus effrayante que toutes celles dont nous avons tant à gémir, une aliénation trompeufe de ce qui paroiffoit inaliénable, comme une richeffe qui, tous les ans, pouvoit alimenter avec abondance le tréfor de l'État, fans ceffer d'offrir aux Citoyens les reffources & les fecours incalculables qu'ils y rencontroient.

Et pourquoi ? Pour les faire néceffairement paffer à vil prix dans les mains de l'agiotage, de l'ufure & de la tyrannie, qui feront feuls en état ou difpofés à les envahir.

Fuyez à leur afpect, cultivateur paifible, dont la famille habitoit, depuis des fiecles, les fermes du Chapitre, & cultivoit fes champs dans une

_____

» chofe la plus importante de la vie humaine, étoit l'é-
» ducation de la jeuneffe dans la piété & les bonnes
» mœurs, & que cela ne fe pouvoit faire que dans les
» fociétés & congrégations inftituées à ce deffein, avoit
» fondé l'Eglife féculiere de Remiremont, qu'il avoit do-
» tée de la moitié de fes biens, laiffant l'autre à l'Em-
» pereur (aujourd'hui le Roi) pour l'obliger de mainte-
» nir & conferver cette fondation ; que les loix de fon
» inftitution ont toujours été dans une grande approbation
» de tous les Princes Chrétiens, les actions de fes mem-
» bres en fi bonne odeur au public, & leur inftitution
» fi utile aux familles, qu'ils doivent le prendre en leur
» protection particuliere ; pourquoi ils déclarent les y
» prendre & les mettre fous leur fauve-garde fpéciale,
» pour les maintenir & conferver, ainfi qu'ils promettent
» de le faire en leur état féculier, & en la jouiffance im-
» mémoriale en laquelle ils font de difpofer de leurs
» prébendes, & de tous autres droits & pouvoirs qui leur
» appartiennent «.

heureufe médiocrité; fuyez les malheurs qui viennent vous accabler.

Vous allez échapper des mains confolantes de
la bienfaifance, pour être preffurés dans les ferres
de la rapine; vos fueurs ne fuffiront plus pour
arrofer la terre de votre nouveau propriétaire;
vous l'abreuverez de vos larmes, & vous con-
fumerez dans la douleur & les regrets des jours
qui ne luiront plus que pour éclairer votre infortune & votre défefpoir.

N'efpérez plus de confolation dans vos cala-
mités, de diminution dans les tems de difette
ou après les orages, d'attente à l'arrivée des termes, de préférence pour la fidélité à remplir vos
engagemens.

Ces durs traitans, ces ufuriers étrangers, après
avoir acheté au prix le plus bas, ne calculeront
pas l'intérêt; ils vous forceront à rendre de leur
terre plus que vous n'en obtiendrez peut-être.

Le prix des denrées hauffera encore; le fer-
mier fe ruinera en les faifant croître; le pauvre
ne pourra les acheter, & le cultivateur fera, plus
que jamais, l'efclave du riche opulent, qui ira
porter au loin la fubftance de tous nos habitans;
tandis que le Chapitre les faifoit jouir doublement du produit de fes biens, en les reverfant
tout autour de lui.

Ceux dont le Chapitre eft propriétaire hors
de la Vôge, une fois vendus, leurs revenus s'en-
fuiront encore, & d'autres agioteurs les empor-
teront ailleurs.

Ce que chaque membre du Chapitre pouvoit
tenir de fa famille, & répandre parmi nous, nous
échappera de même; car, en perdant leurs bien-

faits, nous perdrons auſſi leur préſence; la partie conſidérable des charges publiques qu'il pouvoit ſupporter, retombera enſuite ſur nous, ſi
toutefois nous ſommes encore en état d'en payer.
Les dîmes qu'il percevoit, non pas ſur nous, puiſ-
que la culture eſt très-peu de choſe en Vôge (*),
& qui nous nourriſſoient une grande partie de
l'année, ceſſeront d'y apporter du pain.

Citoyens, je voudrois effacer cette vérité; elle
m'afflige, & je crains qu'elle ne vous déſeſpere.

La Nation, je le veux, cherchera les moyens
de vous conſoler; il eſt dans le cœur de ſes
Repréſentans, que tous ceux qui la compoſent
ſoient heureux. On ne pourra rien reprocher à
leur intention; mais on peut douter de leurs reſ-
ſources, & craindre que la Nation ne puiſſe
réparer nos pertes.

Des encouragemens à l'agricultute, des faveurs au commerce, des établiſſemens de charité, ſont les grands ſecours que l'on peut attendre d'un bon Gouvernement.

Les deux premiers nous échappent; l'autre
ſera la triſte preuve de nos malheurs.

Nous n'avons point de terre à cultiver, point
de denrées commerçables; nous n'aurons donc
que des maiſons de charité, où il faudra raſ-
ſembler les deux tiers de la Vôge.

Et là, qui les nourrira?.... Les revenus du
Chapitre mis à profit, diſperſés en détail, parta-
gés ſelon les circonſtances, y ſont une reſſource,
qui, malgré cela, ſuffit à peine, car nous ſom-

_____

(*) La ſuppreſſion de la menue dîme y ſeroit un bienfait,
tandis que la ſuppreſſion de la groſſe y ſera très-nuiſible.

mes loin d'être riches ; mais les mêmes revenus, employés par toute autre main , y feroient bien infuffifans.

Le prix de la vente de fes biens ne préfenteroit pas d'abord un fonds qui produiroit un intérêt, égal à leur produit actuel , & abftraction faite des dimes, ils font peu de chofe.

En fecond lieu , on ne les voudra pas pour en affecter fpécialement le produit au foulagement des habitans de la Vôge ; fans quoi il feroit bien plus fimple de les laiffer fans les vendre , & le prix une fois employé , le capital & l'intérêt échapperont à la Contrée.

Ainfi , de deux chofes l'une.

Le prix de la vente des biens du Chapitre fera employé au foulagement des habitans de la Vôge, ou à l'acquit des dettes & des charges de l'État.

Dans le premier cas , il feroit inutile de les vendre ; ils peuvent fuffire à leurs befoins. Vendus, ils n'y fuffiroient jamais , & la Nation y perdroit, puifqu'il faudroit qu'elle y fuppléât.

Dans le fecond , il faudroit également remplacer dans la Contrée ce qu'on lui auroit enlevé, du moins en équivalent , & alors la Nation y perdroit encore ; elle feroit obligée de rendre bien plus qu'elle n'auroit reçu , & de le fournir pour toujours , après avoir abforbé dans un inftant ce qui faifoit fa reffource.

Ainfi , dans toutes les difpofitions, la vente des biens du Chapitre feroit défaftreufe pour cette Contrée , & , loin de pouvoir être utile à la Nation , elle ne feroit qu'augmenter fes charges.

Cependant l'utilité de la Nation , devant laquelle tout doit céder, un avantage réel & marqué dans la vente des biens du Chapitre, un remplacement facile des avantages dont il nous fait jouir depuis tant de fiecles, font les feuls motifs qui auroient pu permettre fa fuppreffion, & nous la rendre moins douloureufe, fans nous le rendre moins cher; nous ne l'aurions plus, qu'il auroit encore nos cœurs.

Mais cette fuppreffion n'offre que des pertes à l'État & à nous; elle ne contribueroit pas au bonheur général, & feroit le malheur d'une Contrée confidérable : elle eft donc contraire à la Conftitution, qui, pour être fage, ne doit tendre qu'à rendre les Citoyens heureux, & à leur conferver ce qui aide à leur félicité.

C'eft au Tribunal de l'humanité & de la raifon même, que j'ai cru devoir faire entendre leur voix; & en confiant leur caufe à ma Patrie & à fes Repréfentans, j'ai penfé leur offrir un hommage digne d'eux.

F I N.

Vu, & permis d'imprimer. A Bruyeres, ce 20 Mai 1790.
J. N. CLAUDEL, Maire.

E R R A T A.

pag. 5. *lig.* 11. *au lieu de* voulut, *lisez* ~~vout~~ *veut.*

pag. 13. *lig.* 9. *au lieu de* d'Harancourt, *lisez* d'Haraucourt:

pag. 18. *à la note*, *lig.* 14. *après* Municipalité, *ajoutez* & de la Maréchaussée;

pag. 23. *lig.* 26. *au lieu* d'infpiré, *lisez* impofé.

pag. 24. *lig.* 2. *au lieu de* qui n'étoit, *lisez* n'étoit.

pag. 34. *lig.* 27. *au lieu de* les rappeller, *lisez* les fe rappeller:

pag. 44. *lig.* 1. *au lieu de* On n'y apperçoit que l'anéan-tiffement, *lisez* On y apperçoit l'anéantiffement;

pag. 45. *lig.* 3. *au lieu de* mains confolantes, *lisez* mains careffantes.

pag. 47. *lig.* 8. *au lieu de* on ne les voudra, *lisez* on ne les vendra.

même pag. lig. 29. *au lieu de* toutes les difpofitions, *lisez* toutes les pofitions.

pag. 48. *lig.* 7. *au lieu de* qu'il auroit, *lisez* qu'il poffédoit.

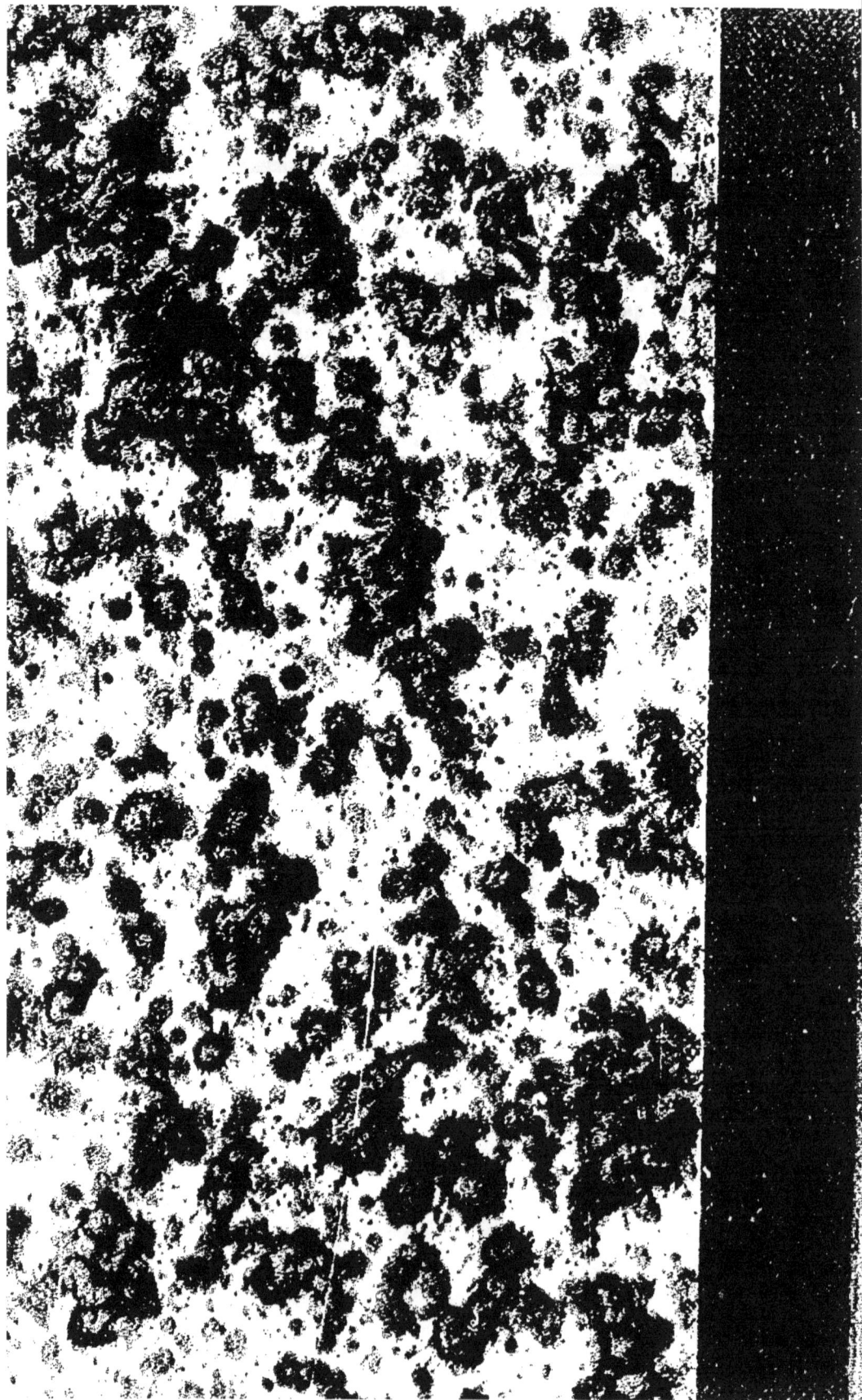

www.ingramcontent.com/pod-product-compliance
Lightning Source LLC
Chambersburg PA
CBHW071009280326
41934CB00009B/2228